書名：論山水元運易理斷驗　三元氣運說附紫白訣等五種　合刊
系列：心一堂術數古籍珍本叢刊　堪輿類
作者：〔宋〕吳景鸞、〔元〕目講師
主編、責任編輯：陳劍聰
心一堂術數古籍珍本叢刊編校小組：陳劍聰　素聞　梁松盛　鄒偉才　虛白盧主

出版：心一堂有限公司
地址／門市：香港九龍尖沙咀東麼地道六十三號好時中心LG 六十一室
電話號碼：+852-6715-0840　+852-3466-1112
網址：publish.sunyata.cc
電郵：sunyatabook@gmail.com
網上書店：http://book.sunyata.cc
網上論壇：http://bbs.sunyata.cc/

版次：二零一四年五月初版
平裝

港幣　九十八元正
定價：人民幣　九十八元正
新台幣　二百九十八元正

國際書號：ISBN 978-988-8266-68-5

香港及海外發行：香港聯合書刊物流有限公司
地址：香港新界大埔汀麗路三十六號中華商務印刷大廈三樓
電話號碼：+852-2150-2100
傳真號碼：+852-2407-3062
電郵：info@suplogistics.com.hk

台灣發行：秀威資訊科技股份有限公司
地址：台灣台北市內湖區瑞光路七十六巷六十五號一樓
電話號碼：+886-2-2796-3638
傳真號碼：+886-2-2796-1377
網路書店：www.govbooks.com.tw
www.bodbooks.com.tw
經銷：易可數位行銷股份有限公司
地址：台灣新北市新店區寶橋路二三五巷六弄三號五樓
電話號碼：+886-2-8911-0825
傳真號碼：+886-2-8911-0801
email：book-info@ecorebooks.com
易可部落格：http://ecorebooks.pixnet.net/blog

中國大陸發行・零售：心一堂書店
深圳地址：中國深圳羅湖立新路六號東門博雅負一層零零八號
電話號碼：+86-755-8222-4934
北京地址：中國北京東城區雍和宮大街四十號
心一店淘寶網：http://sunyatacc.taobao.com

心一堂術數古籍　珍本　叢刊　總序
整理

術數定義

術數，大概可謂以「推算（推演）、預測人（個人、群體、國家等）、事、物、自然現象、時間、空間方位等規律及氣數，並或通過種種『方術』，從而達致趨吉避凶或某種特定目的」之知識體系和方法。

術數類別

我國術數的內容類別，歷代不盡相同，例如《漢書・藝文志》中載，漢代術數有六類：天文、曆譜、五行、蓍龜、雜占、形法。至清代《四庫全書》，術數類則有：數學、占候、相宅相墓、占卜、命書、相書、陰陽五行、雜技術等，其他如《後漢書・方術部》、《藝文類聚・方術部》、《太平御覽・方術部》等，對於術數的分類，皆有差異。古代多把天文、曆譜、及部份數學均歸入術數類，而民間流行亦視傳統醫學作為術數的一環；此外，有些術數與宗教中的方術亦往往難以分開。現代學界則常將各種術數歸納為五大類別：命、卜、相、醫、山，通稱「五術」。

本叢刊在《四庫全書》的分類基礎上，將術數分為九大類別：占筮、星命、相術、堪輿、選擇、三式、讖諱、理數（陰陽五行）、雜術（其他）。而未收天文、曆譜、算術、宗教方術、醫學。

術數思想與發展——從術到學，乃至合道

我國術數是由上古的占星、卜筮、形法等術發展下來的。其中卜筮之術，是歷經夏商周三代而通過

「龜卜、蓍筮」得出卜（筮）辭的一種預測（吉凶成敗）術，之後歸納並結集成書，此即現傳之《易經》。經過春秋戰國至秦漢之際，受到當時諸子百家的影響、儒家的推崇，遂有《易傳》等的出現，原本是卜筮術書的《易經》，被提升及解讀成有包涵「天地之道（理）」之學。因此，《易・繫辭傳》曰：「易與天地準，故能彌綸天地之道。」

漢代以後，易學中的陰陽學說，與五行、九宮、干支、氣運、災變、律曆、卦氣、讖緯、天人感應說等相結合，形成易學中象數系統。而其他原與《易經》本來沒有關係的術數，如占星、形法、選擇，亦漸漸以易理（象數學說）為依歸。《四庫全書・易類小序》云：「術數之興，多在秦漢以後。要其旨，不出乎陰陽五行，生尅制化。實皆《易》之支派，傅以雜說耳。」至此，術數可謂已由「術」發展成「學」。

及至宋代，術數理論與理學中的河圖洛書、太極圖、邵雍先天之學及皇極經世等學說給合，通過術數以演繹理學中「天地中有一太極，萬物中各有一太極」（《朱子語類》）的思想。術數理論不單已發展至十分成熟，而且也從其學理中衍生一些新的方法或理論，如《梅花易數》、《河洛理數》等。

在傳統上，術數功能往往不止於僅僅作為趨吉避凶的方術，及「能彌綸天地之道」的學問，亦有其「修心養性」的功能，「與道合一」（修道）的內涵。《素問・上古天真論》：「上古之人，其知道者，法於陰陽，和於術數。」數之意義，不單是外在的算數、歷數、氣數，而是與理學中同等的「道」、「理」--心性的功能，北宋理氣家邵雍對此多有發揮：「聖人之心，是亦數也」、「萬化萬事生乎心」、「心為太極」。《觀物外篇》：「先天之學，心法也。……蓋天地萬物之理，盡在其中矣，心一而不分，則能應萬物。」反過來說，宋代的術數理論，受到當時理學、佛道及宋易影響，認為心性本質上是等同天地之太極。天地萬物氣數規律，能通過內觀自心而有所感知，即是內心也已具備有術數的推演及預測、感知能力；相傳是邵雍所創之《梅花易數》，便是在這樣的背景下誕生。

《易・文言傳》已有「積善之家，必有餘慶；積不善之家，必有餘殃」之說，至漢代流行的災變說及讖緯說，我國數千年來都認為天災，異常天象（自然現象），皆與一國或一地的施政者失德有關；下至家族、個人之盛衰，也都與一族一人之德行修養有關。因此，我國術數中除了吉凶盛衰理數之外，人心的德行修養，也是趨吉避凶的一個關鍵因素。

術數與宗教、修道

在這種思想之下，我國術數不單只是附屬於巫術或宗教行為的方術，又往往是一種宗教的修煉手段——通過術數，以知陰陽，乃至合陰陽（道）。「其知道者，法於陰陽，和於術數。」例如，「奇門遁甲」術中，即分為「術奇門」與「法奇門」兩大類。「法奇門」中有大量道教中符籙、手印、存想、內煉的內容，是道教內丹外法的一種重要外法修煉體系。甚至在雷法一系的修煉上，亦大量應用了術數內容。此外，相術、堪輿術中也有修煉望氣（氣的形狀、顏色）的方法；堪輿家除了選擇陰陽宅之吉凶外，也有道教中選擇適合修道環境（法、財、侶、地中的地）的方法，以至通過堪輿術觀察天地山川陰陽之氣，亦成為領悟陰陽金丹大道的一途。

易學體系以外的術數與的少數民族的術數

我國術數中，也有不用或不全用易理作為其理論依據的，如揚雄的《太玄》、司馬光的《潛虛》。也有一些占卜法、雜術不屬於《易經》系統，不過對後世影響較少而已。

外來宗教及少數民族中也有不少雖受漢文化影響（如陰陽、五行、二十八宿等學說）但仍自成系統的術數，如古代的西夏、突厥、吐魯番等占卜及星占術，藏族中有多種藏傳佛教占卜術、苯教占卜術、擇吉術、推命術、相術等；北方少數民族有薩滿教占卜術；不少少數民族如水族、白族、布朗族、佤族、彝族、苗族等，皆有占雞（卦）草卜、雞蛋卜等術，納西族的占星術、占卜術，彝族畢摩的推命術、占卜術……等等，都是屬於《易經》體系以外的術數。相對上，外國傳入的術數以及其理論，對我國術數影響更大。

曆法、推步術與外來術數的影響

我國的術數與曆法的關係非常緊密。早期的術數中，很多是利用星宿或星宿組合的位置（如某星在某州或某宮某度）付予某種吉凶意義，并據之以推演，例如歲星（木星）、月將（某月太陽所躔之宮次）等。不過，由於不同的古代曆法推步的誤差及歲差的問題，若干年後，其術數所用之星辰的位置，已與真實星辰的位置不一樣了；此如歲星（木星），早期的曆法及術數以十二年為一周期（以應地支），與木星真實周期十一點八六年，每幾十年便錯一宮。後來術家又設一「太歲」的假想星體來解決，是歲星運行的相反，週期亦剛好是十二年。而術數中的神煞，很多即是根據太歲的位置而定。又如六壬術中的「月將」，原是立春節氣後太陽躔娵訾之次而稱作「登明亥將」，至宋代，因歲差的關係，要到雨水節氣後太陽才躔娵訾之次，當時沈括提出了修正，但明清時六壬術中「月將」仍然沿用宋代沈括修正的起法沒有再修正。

由於以真實星象周期的推步術是非常繁複，而且古代星象推步術本身亦有不少誤差，大多數術數除依曆書保留了太陽（節氣）、太陰（月相）的簡單宮次計算外，漸漸形成根據干支、日月等的各自起例，以起出其他具有不同含義的眾多假想星象及神煞系統。唐宋以後，我國絕大部份術數都主要沿用這一系統，也出現了不少完全脫離真實星象的術數，如《子平術》、《紫微斗數》、《鐵版神數》等。後來就連一些利用真實星辰位置的術數，如《七政四餘術》及選擇法中的《天星選擇》，也已與假想星象及神煞混合而使用了。

隨着古代外國曆（推步）、術數的傳入，如唐代傳入的印度曆法及術數，元代傳入的回回曆等，其中我國占星術便吸收了印度占星術中羅睺星、計都星等而形成四餘星，又通過阿拉伯占星術而吸收了其中來自希臘、巴比倫占星術的黃道十二宮、四元素學說（地、水、火、風），並與我國傳統的二十八宿、五行說、神煞系統並存而形成《七政四餘術》。此外，一些術數中的北斗星名，不用我國傳統的星名：天樞、天璇、天璣、天權、玉衡、開陽、搖光，而是使用來自印度梵文所譯的：貪狼、巨門、祿存、文曲，廉貞、武曲、破軍等，此明顯是受到唐代從印度傳入的曆法及占星術所影響。如星命術的《紫微斗數》及堪輿術的《撼龍經》等文獻中，其星皆用印度譯名。及至清初《時憲曆》，置閏之法則改用西法「定氣」。清代以後的術數，又作過不少的調整。

陰陽學——術數在古代、官方管理及外國的影響

術數在古代社會中一直扮演着一個非常重要的角色，影響層面不單只是某一階層、某一職業、某一年齡的人，而是上自帝王，下至普通百姓，從出生到死亡，不論是生活上的小事如洗髮、出行等，大事如建房、入伙、出兵等，從個人、家族以至國家，從天文、氣象、地理到人事、軍事，從民俗、學術到宗教，都離不開術數的應用。我國最晚在唐代開始，已把以上術數之學，稱作陰陽（學），行術數者稱陰陽人。（敦煌文書、斯四三二七唐《師師漫語話》：「以下說陰陽人謾語話」，此說法後來傳入日本，今日本人稱行術數者為「陰陽師」）。一直到了清末，欽天監中負責陰陽術數的官員中，以及民間術數之士，仍名陰陽生。

古代政府的中欽天監（司天監），除了負責天文、曆法、輿地之外，亦精通其他如星占、選擇、堪輿等術數，除在皇室人員及朝庭中應用外，也定期頒行日書、修定術數，使民間對於天文、日曆用事吉

凶及使用其他術數時，有所依從。

中國古代政府對官方及民間陰陽學及陰陽官員，從其內容、人員的選拔、培訓、認證、考核、律法監管等，都有制度。至明清兩代，其制度更為完善、嚴格。

宋代官學之中，課程中已有陰陽學及其考試的內容。（宋徽宗崇寧三年〔一一零四年〕崇寧算學令：「諸學生習……並曆算、三式、天文書。」，「諸試……三式即射覆及預占三日陰陽風雨。天文即預定一月或一季分野災祥，並以依經備草合問為通。」

金代司天臺，從民間「草澤人」（即民間習術數之士）考試選拔：「其試之制，以《宣明曆》試推步，及《婚書》、《地理新書》試合婚、安葬，並《易》筮法，六壬課、三命、五星之術。」（《金史》卷五十一・志第三十二・選舉一）

元代為進一步加強官方陰陽學對民間的影響、管理、控制及培育，除沿襲宋代、金代在司天監掌管陰陽學及中央的官學陰陽學課程之外，更在地方上增設陰陽學之課程（《元史・選舉志一》：「世祖至元二十八年夏六月始置諸路陰陽學。」）地方上也設陰陽學教授員，培育及管轄地方陰陽人。（《元史・選舉志一》：「（元仁宗）延祐初，令陰陽人依儒醫例，於路、府、州設教授員，凡陰陽人皆管轄之，而上屬於太史焉。」）自此，民間的陰陽術士（陰陽人），被納入官方的管轄之下。

至明清兩代，陰陽學制度更為完善。中央欽天監掌管陰陽學，明代地方縣設陰陽學正術，各州設陰陽學典術，各縣設陰陽學訓術。陰陽人從地方陰陽學肄業或被選拔出來後，再送到欽天監考試。（《大明會典》卷二二三：「凡天下府州縣舉到陰陽人堪任正術等官者，俱從吏部送（欽天監），考中，送回選用；不中者發回原籍為民，原保官吏治罪。」）清代大致沿用明制，凡陰陽術數之流，悉歸中央欽天監及地方陰陽官員管理、培訓、認證。至今尚有「紹興府陰陽印」、「東光縣陰陽學記」等明代銅印，及某某縣某某之清代陰陽執照等傳世。

清代欽天監漏刻科對官員要求甚為嚴格。《大清會典》「國子監」規定：「凡算學之教，設肄業生。滿洲十有二人，蒙古、漢軍各六人，於各旗官學內考取。漢十有二人，於舉人、貢監生童內考取。附學生二十四人，由欽天監選送。教以天文演算法諸書，五年學業有成，舉人引見以欽天監博士用，貢監生童以天文生補用。」學生在官學肄業、貢監生肄業或考得舉人後，經過了五年對天文、算法、陰陽學的學習，其中精通陰陽術數者，會送往漏刻科。而在欽天監供職的官員，《大清會典則例》「欽天監」規定：「本監官生三年考核一次，術業精通者，保題升用。不及者，停其升轉，再加學習。如能黽勉供職，即予開複。仍不及者，降職一等，再令學習三年，能習熟者，准予開複，仍不能者，黜退。」除定期考核以定其升用降職外，《大清律例》中對陰陽術士不準確的推斷（妄言禍福）是要治罪的。《大清律例・一七八・術七・妄言禍福》：「凡陰陽術士不許於大小文武官員之家妄言禍福，違者杖一百。其依經推算星命卜課，不在禁限。」大小文武官員延請的陰陽術士，自然是以欽天監漏刻科官員或地方陰陽官員為主。

官方陰陽學制度也影響鄰國如朝鮮、日本、越南等地，一直到了民國時期，鄰國仍然沿用着我國的多種術數。而我國的漢族術數，在古代甚至影響遍及西夏、突厥、吐蕃、阿拉伯、印度、東南亞諸國。

術數研究

術數在我國古代社會雖然影響深遠，「是傳統中國理念中的一門科學，從傳統的陰陽、五行、九宮、八卦、河圖、洛書等觀念作大自然的研究。……傳統中國的天文學、數學、煉丹術等，要到上世紀中葉始受世界學者肯定。可是，術數還未受到應得的注意。術數在傳統中國科技史、思想史，文化史、社會史，甚至軍事史都有一定的影響。……更進一步了解術數，我們將更能了解中國歷史的全貌。」（何丙郁《術數、天文與醫學中國科技史的新視野》，香港城市大學中國文化中心。）

可是術數至今一直不受正統學界所重視，加上術家藏秘自珍，又揚言天機不可洩漏，「（術數）乃吾國科學與哲學融貫而成一種學說，數千年來傳衍嬗變，或隱或現，全賴一二有心人為之繼續維繫，賴以不絕，其中確有學術上研究之價值，非徒癡人說夢，荒誕不經之謂也。其所以至今不能在科學中成立一種地位者，實有數困。蓋古代士大夫階級目醫卜星相為九流之學，多恥道之；而發明諸大師又故為惝恍迷離之辭，以待後人探索；間有一二賢者有所發明，亦秘莫如深，既恐洩天地之秘，復恐譏為旁門左道，始終不肯公開研究，成立一有系統說明之書籍，貽之後世。故居今日而欲研究此種學術，實一極困難之事。」（民國徐樂吾《子平真詮評註》，方重審序）

現存的術數古籍，除極少數是唐、宋、元的版本外，絕大多數是明、清兩代的版本。其內容也主要是明、清兩代流行的術數，唐宋以前的術數及其書籍，大部份均已失傳，只能從史料記載、出土文獻、敦煌遺書中稍窺一鱗半爪。

術數版本

坊間術數古籍版本，大多是晚清書坊之翻刻本及民國書賈之重排本，其中豕亥魚魯，或而任意增刪，往往文意全非，以至不能卒讀。現今不論是術數愛好者，還是民俗、史學、社會、文化、版本等學術研究者，要想得一常見術數書籍的善本、原版，已經非常困難，更遑論稿本、鈔本、孤本。在文獻不足及缺乏善本的情況下，要想對術數的源流、理法、及其影響，作全面深入的研究，幾不可能。

有見及此，本叢刊編校小組經多年努力及多方協助，在中國、韓國、日本等地區搜羅了一九四九年以前漢文為主的術數類善本、珍本、鈔本、孤本、稿本、批校本等數百種，精選出其中最佳版本，分別輯入兩個系列：

一、心一堂術數古籍珍本叢刊

二、心一堂術數古籍整理叢刊

前者以最新數碼技術清理、修復珍本原本的版面，更正明顯的錯訛，部份善本更以原色精印，務求更勝原本，以饗讀者。後者延請、稿約有關專家、學者，以善本、珍本等作底本，參以其他版本，進行審定、校勘、注釋，務求打造一最善版本，供現代人閱讀、理解、研究等之用。不過，限於編校小組的水平，版本選擇及考證、文字修正、提要內容等方面，恐有疏漏及舛誤之處，懇請方家不吝指正。

心一堂術數古籍 珍本 整理 叢刊編校小組

二零一三年九月修訂

論山水元運易理斷驗

吳景鸞纂

形氣篇

鴻濛既判陰陽始分五行之生尅頓殊八卦之動靜互立本乎天者為氣因氣之清濁而生吉凶本乎地者為形以形之邪正而辨禍福非形無以蓄氣氣以形而融非氣無以成形形以氣而妙形與氣雖分表裏氣與形實相終始不知来路豈知入路盤中八卦皆空未識內堂焉識外堂局裏五行盡錯乘氣脫氣轉禍福於指掌

之間左挨右挨辨吉凶於毫芒之際一天星斗運用只在中央千辨蓮花根柢生於點滴夫婦相逢於道路却嫌阻隔不通情兒孫盡在於門庭尤忌凶頑非孝義（此指東西相雜而言）卦爻雜亂異姓同居凶吉相併螟蛉為嗣（亦指東西相雜而言）山（艮）風（巽）值而泉石膏肓午酉逢而江湖花柳星（午）聯奎（戌）壁（亥）啟八（酉）代之文章冒（酉）入斗牛（丑）積千箱之玉帛雞（酉）交鼠（子）而傾瀉必犯流徒雷（卯）出地（坤）而相冲定遭桎梏火若尅金兼化木數驚回祿之災土能制水又生金自主庄田之富木見火而生聰明奇士火

見土而出愚（頑）鈍頑（愚）夫。無家室之相依，奔走於東西道路。鮮姻緣之作合，寄食於南北人家。（一指無對待重積而言一指無合五而言）男女多情，無媒妁則為私約；陰陽相見，遇冤仇則反無緣。（此俱非本局正配）非正配而一交，定有夢蘭之兆。（如亥卯未三合之數）得干神之雙至，致多折桂之徵。（合得本局干支）陰陽滿地成羣，紅粉場中快樂。（如坎雖為陽壬寅戌為陰癸申辰為陽）火曜連珠相值，青雲路上逍遙。（如寅午戌一合）非類相從，家多淫亂；因親有合，世出賢良。負棟（木）入南離，佇見廳堂再煥；驅車（水）朝北闕，時聞丹詔頻來。全無生氣入門，糧難一宿；會有旺星到穴富積千鍾，相尅而有相濟之功。先天之乾坤大定（即坎離也），相生而有相凌之害。後天之金水交併（即兌坎也），木傷土而金位重重，禍須有救；火制金而水神疊疊，災不能禳。（皆西局也）土涸水而木旺無妨，金伐木而火災無忌。（皆東局也）制神衰而忌神旺，乃入室以操戈；凶星旺而吉星衰，真開門以揖盜。重重尅入，立見死亡；位位生來，連添財喜。不尅我而尅我同類，多鰥寡孤獨之人。（雖不是乾兌金尅震巽木，而巳丑丁甲與金一類）不生我而生我家人，出俊秀聰明之子。為父所尅傷，男不招兒；被母所尅傷，女難得嗣。後人不肖，因生方之反背無情。賢嗣承宗。緣生位之端方朝揖。我尅彼而竟遭其辱。因財帛以喪身。如火見金木見土是財東西相雜我生彼而反被其沖。為産難以致死。如火生土見有外水沖火之類腹多水而臌脹。坤艮見坎足見金而蹣跚。震巽見乾兌巽宮水路纏乾。為吊梁之厄。兌位明堂破震。主吐血之災。風巽行地而硬直難當。室有欺姑之婦。火離燒天乾而張牙相鬭。家生罵父之兒。兩局相關。必生孿子。孤龍單結。定有獨夫。坎宮高塞而耳聾。離位傷殘而目瞎。兌缺陷而唇亡齒寒落。艮傷殘而臂折筋枯。山艮地坤被風巽吹。還生瘋疾。風巽雷震因金乾兌死定被刀兵家有少亡只為冲殘子息卦輔弼庭無耆老多因射破父母爻武曲漏道在坎宮遺精瀉血破軍居巽位癲病猖狂開口筆插於離方必落孫山之外離鄉砂飛於艮位定亡驛路之中金水多情貪花戀酒木金相反背義忘恩震庚會局文臣而兼武將之權丁丙朝乾貴客而有耆耄之壽天市合丙坤富堪敵國離壬逢子癸喜產多男南離北坎立極中天長庚啟明交戰四國健而動順而動動非佳兆止而靜順而靜靜罔不宜富並陶朱斷是堅金堆積貴比王謝總緣

喬木枝疎辛比庚而辛更粹美乙附甲而乙亦益秀靈坎
為元龍壬號紫氣昌熾各有攸司丙臨文曲丁近傷官
人財因之耗廢見祿存而瘟疫必發遇文曲而蕩子無
歸值廉貞而火災頻見逢破軍而身體傷虧四生有合
文人旺四旺無冲田宅饒丑未換局而出尼僧震巽失
宮而生賊丐四墓非吉曰陽土陰土慎所裁四生豈凶
曰卦內卦外由我取欲知禍福灾祥妙在心思眼力

外氣行形集

王卓氏纂

予是福建泉州府人也元賜進士出身世亂隐跡在浙甯郡南門柳亭菴出家削髮為僧法號幕講研窮地理救貧濟世之一端也

星砂賦

夫一氣既分。兩儀奠位。定四象而畫八卦。分為二十四山。推二氣而變五行。布於東西南北人稟五行清者富而濁者貧。山結五星正者秀而斜者賤山川有博換之殊。形狀有變更之異相尅則凶相生則吉金宿頭圓如半月。木星身聳似石碑。火類犁鑱。土同倉櫃水如波浪

入土金應作水土金
水水體應作木火

之動又似龍蛇之行金有蛾眉太陽火分廉貞掃火木辨冲天倒地水別曲浪垂簾土決几案天財又等御屏輅軸土星低小莫類金看木曜稍尖難作火取火土金星乃開窩面水水體勢必結乳頭星辰端峙者為佳形勢偏斜者不美夫秀龍行度先辨星形佳穴氣鍾當詳分合拋踪閃跡變化為奇過脈穿珠相生則吉木起火行土入首金星作穴出公侯水剋火換金到頭木星扦墳出餓莩受胎成土傍遮忌見木形過峽如金夾從宜生土助文曲來龍木結穴相如一舉成名廉貞作祖土

為孫。王愷萬金致富。龍騰馬躍如水動榮華從此而生。鳳舞鸞飛若金城。將相於斯而出。分枝劈脈行千里。浪動平行。伏節聳峯擁萬層。巉尖高卓。冠蓋寶蓋華蓋入穴。富弼職位可期。極星帝星尊星來龍顯官科名可望。一纏特起。猶如大將登臺。諸曜拱迎。儼若雄兵屯衛雌枝低小脆嫩必然金水而成。雄龍高大嵯峨多是木火而結。主山低小。偏宜父母高隆。穴處孤單。最要案砂培助。水龍金穴。泄氣力輕火到木迎。助元身壯。土體方橫。貴出坤艮之地。決主生財木星身聳。喜舉震巽之方。多能出貴離宮火宿名坐本垣兑上金星體居原位木生于北子入毋宮水到艮坤身行囚地水澄坎上雁塔題名金秀艮方蟾宮折桂乾方水曜御點繡衣坤地金星宮花插帽木雖端秀得水滋土養愈為奇水既曲流遇木泄土尅何足羨土居火地白屋富翁水旺金方黃堂顯客金居離地財敗人亡木竦兑乾男孤女寡火在坎位橫事常遭土居巽宮瘟癀頻染坤艮水星定生愚魯兑乾金像必出賢良水東木南土西金北被泄減力勢生可延土主火賓富齊倚頓金山火棄貧比范丹水動

木清智過顏子金斜木側巧並公輸印財得位者興家劫及相逢者退產山結金星要明堂寬濶流神喜見土星穴成木體宜水法之玄水口要生金像獨木倒地孤露無生單金在洋零散為死土宜方厚身怕欹斜火喜秀尖頭斜必為軍伍水宜湧動脚擺定出顛狂星貴端正秀明龍取超特迢遞火旺木廢家遭回祿之危木寡水多人被玄冥之厄金如破體女懷月下之情木若形斜男戀陽臺之夢金角出火尅子害妻木頭帶金敗家絕嗣金星融結三方忌見火明水宿聚鍾四正怕逢土

照土畏木神作合火愁水宿相冲土合火而人豪木冲金而女寡火遭水尅逢土定是解神木被金傷遇火乃為救主土見木位是殺八方喜見金來水居墓宮為殃四畔愁逢土出殺衰有救縱然三合也無災主弱見恩雖在四冲亦有福金低火高應有禍土上木下不為凶殺小救多反為吉慶泄多補小吉作凶危水七火三遭官啞嗜土八水二頻病痲瘋多火單金窮貧纖骨二水一火勞瘵傳身木盛遇廢金豈能為禍金旺遇衰火未可云凶火旺水清公私攪擾水強土旺淫亂風聲金得

木為財金見火成鬼土得火為父母木生火為子孫山頭有意各禀星辰體勢無情不結宿曜凶山撩亂縱然屈曲何奇惡石峻斜雖有灣環何用龍無起伏倒竿樣子孫敗絶離鄉穴少分合覆杓形兄弟貧窮撒外擺旗棧袖翻花之龍拖蓑牽籐花假之穴或龍單而無從穴弱而露風下砂反牽朝案軟斜此等貧賤龍脉必主敗絶子孫山谷之龍一起一伏平洋之地相牽相絆荷葉金盤乃作金星龜魚蛇蚓即為水曜橫板平牌認木無異鋪氊展席認土無疑火若拖槍尖如直筆或開鉗而

出口或起突而發窩灰線草蛇高低尺寸盞酥雲厲上下分毫且夫砂法之橫攔龍神必止水城之灣遶氣脈定鍾釜頂盆心則英豪之子頓出魚腮蛇頂則俊傑之子挺生高處點窩決產富翁才子平洋取突定育貴子賢孫無突無窩不堪勞思無根無蒂何用舉眸五星禍福既已詳明九曜吉凶亦當辨理貪狼如頓筆武曲似側盤輔曜覓覆鍾廉貞尋破傘破軍儼如棕梠葉祿存猶如破衣形弼星彷彿鋪氈文曲依稀撒網其或巨門體勢猶如半月弦形武曲杵窩弼星取角貪狼結穴父

子接踵在朝巨門到頭兄弟聯芳拜職武曲坤艮脚踏
鰲頭文曲壬癸身登鳳闕貪狼居金地枉費青燈巨門
到木宮徒觀黃拳破軍兄位必配邊疆廉火離宮定遭
瘟火祿存破碎廂邊遮崔鶯文曲欃斜桑下獻金胡子
子輔秀得福弼斜見殃出陣貪狼行龍決是狀元之地
歸朝武曲作案必生榜眼之人文曲遇祿存風聲破敗
廉貞逢武曲瘟火退田破廉出起祖之東西準擬內侯
外伯輔弼居朝案之左右定主前武後文廉火換金子
孫飄蕩祿存轉水家業銷亡巨門南地位列鼎台輔星

入首弼星杆。定宥公侯之可望。巨門行龍武曲穴是非
王者之難圖水口羅星形成九曜穴前流水體結五星。
金曜彎環抱身如帶。木星來去。對穴若繩。一字平橫名
曰土體。之玄屈曲。喚作水城尖角斂斜火星體勢金出
富貴火乃凶神水主榮華。木乃惡殺土星推斷此星中
平陰地以緊湊為奇陽地以寬平為美山秀水深堂局
大。久居富族名家。龍孤水淺地局卑暫住小人陋室認
星宿則陰陽二字無疑。觀形勢則聚散二字宜識星宿
已詳穴法可定。勢順局逆真正無疑山直穴橫的當可

取支龍入首氣聚于巔巃龍到頭穴結于麓水星成龜蛇二體脈鍾額肩木火分男女兩形氣聚臍腹金為禽舞或尾或翼可扦土像獸眼（眠）或鼻或腹可取金闊有水窩內為奇土腹藏金鉗中為美木取節而有氣土扦角而得生或棄土而尋金或挨金而剪火陽龍緩止順杖而栽陰脈直來逆杖而取橫擔橫落急取毬中直送直奔粘寬簷內蓋粘倚撞金木二曜可扦水火星辰撞倚粘穴可下土星端正蓋撞情真穴有三才天地人取詩云金木宜下四穴法水星粘撞倚為良水火不取當頭

葢。土曜天人二穴詳。星穴各分。玄微證佐。細看上分下合。斗口金魚。當詳左翼右窩。蝦鬚界止。毬簷上下。明暗東西。定十道之分明。審一穴之的當。穴處高低切忌傷龍傷脉。棺挨左右。須當就氣就生。四山高而穴宜淺。八方低而穴宜深。陰以一合為憑。陽以二交為度。壠龍土厚氣沉可深。支龍勢低氣浮當淺。高低尺寸規矩權衡穴法既言。剪裁宜定。山川無定體。人事有制方。不及者則當擁培有過者須當裁減。或鑿池而成河沼。或積土以作墩堆經云融結在天必假修製在我天龍莫損合理須為山水裁修須當推論若明砂法須辨性情向則如臣面君背則如讐見敵向者為吉背者為凶三方吉嶂堂堂授職忠臣報國四畔奇峯矗矗為官濟世安民几案橫欄名題虎榜筆山尖聳身跳龍門旗馬甲盈握三軍之武士樓臺殿閣鍾萬石之名臣太陽太陰照東西瓊林身顯天祿天馬分左右翰苑名揚文士近財官官居一品貴人連祿馬位至三公行龍死賤帯刀鎗代代有梁上君子到頭生旺朝筆架世世生賓桂文人貴人正而祿馬偏守節牧羊北海主氣強而凶砂見出入

暴虎憑河旗聳劍横囊砂傑將筆低案小絳帳驕人玉帶冕旒澤水釣翁逢漢帝兜鍪旗鼓南陽隱士遇劉皇印劍香爐神祇巫祝鉢盂錫杖舍利浮屠龜甲銅錢青丘授業葫蘆藥餌橋井傳芳筆斜案偏丹青畫士財單祿薄水陸工商角尺鉗鎚諸般工匠錫牌籐棍雜職官員砂脚擺斜蛇腰跛足墎頭破碎瞎眼傷胎體勢歪斜而混雜内外人倫無序星辰端正而清特尊卑禮義有全舞袖斜身男子好蕩獻花露體女子貪淫白虎身上一峯生女傳淫慾青龍體上無凶出男立綱常禽獸守

門貴如錢起龜魚上水賢似馮京文星武星案東西夾世威揚四海天乙太乙龍左右歷代名播萬邦真符真武列墳前管取烏紗冠首卧龍卧虎攔水口須知玉帶腰纏祖宗貴而到頭孤尭帝產丹朱之不肖來龍薄而入穴厚瞽瞍生虞帝而有賢金樓五鳳來山蜀中二龍齊出華蓋三台列向河東三鳳並生穴被風摇少年必損主插漢表三壽可增印笏圭璋青雲得路誥軸金榜黃甲有名前嶂後屏才壓天下東廂西庫富敵江南寶蓋朱簾官加極品金箱玉匣家進萬金貫玉連珠資財

滿室重屏列嶂朱紫盈門有貴無財趙抃彈琴入蜀有財無貴石崇萬寶藏家文曜近案二陸甘羅早第貴星隔遠八十梁灝晚成半月向金龍宿瘤女人再出太陽朝玉馬禁鑾謝琨復生龍口啣珠長房富貴虎頭帯庫幼子財榮龍虎比和夷齊謙讓東西相鬭普郎爭論虎利冲墳男有鼓盆之歎龍尖射穴女誓柏舟之詩水走山飛離鄉背井山欹案返退產破家創刺胸前頻遭死法刀生腋下常見橫亡負袋提包求衣乞丐披簑頂笠寄食從人砂返水斜不孝逆子龍拳虎踢悖義凶徒砂

如弓樣返牽。家忏別處。墩似人形順水。客死他鄉。利劍鎚鎗。充軍守戍牢獄枷鎖。犯法徒刑。諸砂逆水進田。衆水傾流退產。文筆震巽。少年一舉登科。玉帶艮坤。老景三場必中。印方像土若生東地豈為官珠圓類金如在南方安得貴倉庫居木位成財須臾辦錢在火方廢興容易。財庫具備。龍賤亦貧筆印兩全穴假不顯堂中最嫌水直。穴內大忌凹風。隨龍水會穴前喜其大聚。夾從山交水口。貴其總關。明堂有坪者富貴千秋水口無關者貧窮一世。大忌明堂陟瀉務要寬廣平圓最嫌外水散流惟愛深情曲抱沖心射脇。男女傷亡。割腳穿身。家業退散。桿虎桿犀鎮地戶。韓愈名高。仙橋仙鶴應天門。壺公道重。橫踞虎勢。所喜天外關欄。仰臥屍形鼠忌墳前出現要見何方屍出。當推何命人殃。震兌方來擬定木傷刀割。乾寅位出。必然天打虎傷。其或在于艮離定是遭石赴火。若然居于坎巽必主落水上繩劫殺臨位主傷財刑害到方必絕嗣。子午卯酉吉星見鼠馬雞兔四人榮。乾坤艮巽惡形臨。猪蛇猿虎四人辱。此理必然自當審避秀遇三吉之地。應喜彌臻。凶在四沖之方。為禍立見推太歲何年到斷禍福何年來心當端思目宜細察大抵來龍踴躍雄壯結穴分明水喜如帶抱朝砂貴若弓彎抱向對宜峙峯之秀麗明堂要蓄水之聚凝羅城排列以週迴水口交牙而牢固三陽無隘六建有情四神聚會者允是名山八將列迎者誠為大地至如龍孤穴寡水直砂飛脉零無聚水口濶低此等凶形必無秀氣歷觀各郡之名墓以驗後人之吉祥艮宮太陰補太陽新昌何公居太保兑地金龜朝玉印小江童氏出神童靈柘列九象之排衙太宗名門多將相瑞竹有

三龍之聚會。當年呂宅發公卿。睡龍水口數金魚。里中許公為學士。飛鷺伺案雙玉甕。南朝黃度拜尚書。葛池喜龍穴之相生。雪溪董公居烏府。蟠龍稟星形之正氣。華堂黃氏任黃堂。蜈蚣乾金玉印拱雲仍屢擬高科。龍蟠晃水笏星朝。後裔聯沾恩沐。荷花出水屢任刑部秋官。丹鳳冲霄。長為名郡二守。以此驗之。捷於影響。學者熟玩于心。感應于目。專看融結為主星砂為用。地理玄機自然明矣。

奇驗經　目講師纂

文官大小

出文官。亦不同。筆架城門御史公。三重筆架重重案。定產朝廷給事中。金枝玉葉三層繞。長史定在此中生。華蓋三台少卿位。土誥木印布政通。前官後鬼員外職。樓臺鼓角亦布通。火誥金印知縣是。金誥木印知州同金誥居西布政侍。水誥居北叅政公。木誥居南知府出。鼓角東出舉人從。透天文筆廉使立。前朝帶誥出判通。龍樓鳳閣真學士。劍山上殿功臣封。黃榜山前貴人現。翰林學士顯文宗。黃榜山外火星利。布政提刑官則同。七階行龍人不識國子祭酒有人蔡。朱幡寶蓋出河職。人臣位極至三公。飛鳳沖霄勢入漢。狀元宰相顯門風。鳴雁淚天高挺峙。提刑斬首有奇功。擐釜面前知府職。晒袍堆錦亦府翁。

雜職

玄武山。有文筆此地出經歷。土誥木印護城門。吏目有東筆。土誥水印主尊宮。金誥水印縣丞的。木誥居北或居西。通判經歷一齊出。土誥或北或在東。驛丞巡檢難分别帡帽糊塗歲貢官。錫牌藤棍典史驛筆斜秀麗印星端。倉官大使毋容說文筆若還入硯池。府吏為官典史職。

武官大小

武職官。雖一般。尖天旗子總兵官游魚漆帽城門助指揮職位佐朝端。人高馬低為主帥馬高人短走卒官。金誥居東公與伯金誥居北閫帥專。衙刀武劍擎鎗起指揮代代子孫傳。前山却似魚鱗樣。總兵都督鎮三邊旗纛劍橫閫外將筆柢案小帳下攢。華蓋之山帥府職。平天冠蓋伯侯官。三台脚下紅旗現總鎮三軍天下傳。火星連帳紅旂樣。指揮千戶一同權。虎上牙刀為大將。躍星為出侯伯喧。龍指天兮虎指地。千戶萬戶一般般右山旗鼓千戶職。坤山棹板總督尊。何知此地將軍出。百萬廉貞左右纏。何知將軍立殿上。火星剛硬聳天邊。

公侯將相

出公侯有何緣。金箱玉印內外端。千萬火星城門亂。三陽堂氣似海寬。玉帶環山幞頭聳。禽獸捍門印誥全。

尚書

尚書輔弼朝。金木衝天高。金誥居東官八座。金誥南地亦同招。馬山更兼貴人現。定出尚書與帝遊

狀元

狀元筆。天外出。前後尖峯元可必。禽鬼獸曜現城門。火星尖聳狀元的。兩火若揀與天齊。兄弟聯芳居第一。出陣貪狼與蘆花。歸朝武曲朝帝闕。火星千里侵雲邊。狀元定是神童捷。三山筆架並雲端。出身定是宮花揀。

文官

貪狼照出文官。金星開口土星端。水流九曲六秀照。文

星開大誥軸全。（指案山言）左牙刀。有司官。乾坤艮巽峯尖端。案上金星貴人拱。樓臺鼓角印箱全。

武官

廉貞照出武官。貪狼平頂火星端。旗鼓拱夾鎗刀案。出身閃側掌兵權。右牙刀。武職官。右砂磊磊庚位端。流水之玄斜返勢。子午浩大閫帥權。

雜職

龍閃側。左石峯。席帽模糊案不清。錫牌藤棍多雜職。輔弼欹斜總一同。

掌印

龍結穴。四正朝。金星端正木星高。脫帳降帳中央出。樓臺鼓角印箱週。

太監

出太監。有何因。太陽蓋了太陰星。土誥居西多凹陷。一重華表一重門。門桿門也火誥若在東方出。朝居太監有聲名。

土官

火星頂。木星胎。水口貪狼石獸排。更有尖峯居水口。不修天爵有官來。

出貴

巽峯高。多貴客。尖聳高聳貴無敵。出陣貪狼是狀元。歸朝武曲榜眼出。銜刀節杖貴非常。擁旄建節姓名香。前障後臺真宰相。貴人（尖峯也又巽峯）祿馬（艮丙為天祿乾離為天馬）立朝端。穴秉六秀俱朝拱。天乙太乙翰苑芳。

女貴

娥眉星。近江河。金星八九女如花。（八九金星齊峙面前）辛方水朝女人巧東南砂秀嫁皇家。誥軸花開金居旡女人富貴寶堪誇。朝秀巧抱明堂左右掌列成行天角天弧尖麗出。金冠霞帔女為王。朱幡寶蓋從右出生女定是配帝郎。

因女貴

辨錢山。如月形端正墳前後亦生。金誥開花離巽秀。其家因女得官人。

貴而不富

貴人正。龍虎金艮巽乾方缺陷偏。艮祿巽貴乾為馬左右前後倉庫少。縱然得貴也無錢。

有官無位

貴人正。祿山偏。石頭磊磊正為官。貴人却被木星隔。縱然受祿永無權。

晚成

外山秀。內山微。奇峯隔遠晚方知。震山壓塚少年滯。子午山低梁灝齊。震山高壓蔽日之光。晚見君王。

出富

逆水砂。富可誇。東倉西庫富豪家。金箱玉櫃積財寶。銀瓶盞注穀如砂。艮山艮水朝。蟻聚蜂屯總富華。土居火地白屋富。火賓土主亦豪家。

先貧後富

內砂飛。外砂顧。遠峯皆朝護。形勢若吉位雖凶。初下貧窮後發富。

成家

艮水入明堂。四水來朝明堂大聚發一場。巳與亥方水來去。抱身橫土長家邦。

進契

進田筆。在下砂。送契燈下錢又賒。青龍頭上生牙爪土角流金賒買家。

橫財

土居長。橫財柗。坤申山水盡來朝。銀瓶盞注相連繞。金箱玉櫃富滔滔。

血財

血財出。如牛羊。一似鯉魚跳上灘。再若匏瓜來抱向。卧蠶山見有千間。

賢人

人秀麗。山尖峯。尖石排來下穴中。大乙大乙巽辛奇峯龍左

右此地必定產賢雄

秀才

水木漲天水星山頭暑起高尖圓頂出生員穴輕貪狼無一端金水二
星端正小尖峯筆架也同看

不第

乾艮低巽山缺祿陷馬空文不捷面前更見筆頭開雖
有文才空見覓文筆孤兮巽水斜立志辛勤徒鑿壁

出仙

劍印砂兼香爐乾坤艮巽筆峯嵯龜鶴琴劍坤申地天

門橋鶴聖仙多。

出醫

葫蘆砂。是醫家。藥餌砂見術堪誇。主山若還多秀麗。橋井傳芳定不差。

畫師

水木星亂生。文筆秀兮龍穴輕。筆斜案側真畫士尖山雙跋出丹青。寅甲之方尖且側延壽使計害昭君。

商

文曲路。出商客。財卑祿弱為商的。龍有車舟隨後行。水陸之商真富極。

雜藝

鶴爪砂。不拘左右藝多般。金斜木倒公輸看。曲尺鉗鎚出匠斲。有龍無虎藝堪觀。

敎戲

武曲斜。會唱歌。木星輕側見水多。貪狼歪脚頭擺擺。金水行龍唱哩囉。

敎唆

右尖射。似牙刀火木斜。詞訟刀。弭筆山尖案山雙或尖斜又非正格。筆低案小教唆高。縱使文筆尖而秀。若居申地訟師豪。筆山又帶凶砂出。詞訟充軍定見招。

僧道

丑未兼辰戌。孤峯如頂笠鉢盂錫杖見真形魚在東方僧道出。手爐案。出道僧。巨門拱照及廉貞。戌辰丑未山頭殺。筆尖山下小峯生。箬笠山。僧道招。幢幡寶蓋鐘鼓照。旙花賢僧出。禮佛悟玄高。巽癸水交流。數峯相串出。僧儔。頭垂焦葉樣。土星重疊亦僧流。金星腳下生。浪腳為僧極好遊。

喫齋

四墓山照塚宅。辰戌丑未水兼入。更逢祿陷艮低也乾離低。手爐山見無血食。

旺丁

金星照。對面有金星拱照也旺人丁。明堂廣濶左右生更喜龍虎俱寬抱。山頭疊起且多情。山勢猛。亦旺丁。陰陽比和少風生。餘氣鋪張山不割。山有餘氣水不割脚水陰蝦鬚砂有情。有水陰腮曰蝦鬚。高低相稱彎抱顧我曰有情

有壽

乾峯高。出壽考。丁山丁水妙。或丁方有高峯拱頭丁水來朝若還丙丁水來朝。主多白髮老。

雙男

金雙乳。出雙生。太陽金星開口。而又有雙乳。前後相連金水星。接連相生若見面前雙峯出。或雙山或墳成雙者。又兼山後雙氣形。兩脈也子癸水朝迎。子癸二方有水來去。雙生子女真。更兼廳前兩墻直。主山是土對火星。主山是巨門。對面火星照也開門若有雙溝入。斷他必定主雙生。

雙女

陰氣盛。並多女子。龍裙蝦鬚又不明。（無界水也）一片平地皆屬水。文曲（水星）開口雙女生。

雙妻

兩樣樹。在門邊溪似娥眉居面前。東西更兼堂屋列。重妻重妾有何言。

少丁

脊箕體。少人丁。孤陰（脈頑梗不化是也。）蝦鬚合不明。（前無合水而散漫也）穴無高低返上路。屋大井小兒不生。兩邊高壓如何斷。子孫半個不留身。無餘氣。子孫稀。兩水合詹無丁餘。水破天心男女少。神前佛後亦如之。

有子無父母

餘氣鋪。坤上低。更兼乾上有風吹。乾父坤母艮震高。巽兌缺。後兌流長父母虧。

多生少養

無蝦鬚。無護砂。砂短水淺氣散娥眉山見女連連。竹木為園不見屋。巽兌初月卻無男。臥房要端方。缺角多女郎。左右凹陷并陰蔽。後面欹斜生女常。

婦不生

巽高無子生。離兑孤峯孕不成。東西若到堂廳屋，正母無生妾有姙。坤上栽花并池沼。縱有妻妾子螟蛉。

損少

小池窟。損少丁。水若淋頭兒不齡。冲心射腮男女夭。拭淚搥胸死不停。或屋或沙面前如拭淚搥胸樣哭字頭。明堂有兩池多夭折。

前塘後塘人丁滅。流破冠帶谿斷亡。破了臨官家丁絕。冠帶臨官流破極凶兩邊池水大浸門。灰舍田園兒不吉。前屋高。後屋低。其家必損少年兒。高昂白虎明堂看。堂後粉墻不可居。堂後有一條粉墻也

螟蛉

癸門路。抱養兒。懷抱圓峯螟蛉隨。捲簾水見填房子。孤房獨屋螺羸兒。前屋濶。後尖小。入舍填房義子有。樓屋獨居螟蛉兒。廳前水閣抱養子。

重妻損妾

逢五度。祿存峙。（辰上土此）癸上門路娶重妻。坐子向午未上進。犯了羊刃亦如之。（丁巳祿居午祿前一位為羊刃未為羊刃）陰人長病損妻室。只因屋後有陂池。前有小池蛾眉樣父子代代主雙妻。東有屋缺西井竈。連尅妻地斜一邊少北路冲堂少者頤天井深。守空房。虎利衝墳虎似尖利妻早亡。右邊卷路衝。白虎受傷主山尅右不可當。金角出火君須避。橫山如木損妻房。

墮胎

披連煞。濶平斜趨氣不聚而屬水不可裁。堂內圓墩堆凸來胎息露風龍虎短。漏胎也。壬子癸印不宜孩。印砂壬子癸丑主墮天井下面有水井。脚下小墳俱墮胎。

寡婦

後強急。關氣也。太陰深。房甚長暗左殺風來左邊有風吹虎利刑。虎砂

尖利冲墳陽局坦平脈散無氣陰反盛。暗房是也右聳高白虎案迫前近高強

主低平。廳高兮。堂屋矮。一家婦女少夫君。茶槽面前水溝殺

尖刀。流通四庫出寡婦。水流辰戌丑未坤上峯高坤水入。前朝

崩破寡難逃。朱雀破頭也。

子隨母嫁

龍虎山。如擺出。門前有井水返出。塚宅癸丑二水朝。隨

母改嫁志宗戚

寡母

對倉屋。在左邊。前迫後破守空房。前後墻圍受水氣。犯文

曲而截生氣也孤陰後隱夫早亡。兩大一小屋。寡母家中代代有。墳屋若有大路衝。孤房寡母悲無窮。

婦女管家

龍虎上。開小門。婦女持家有聲聞。坤上峯高女掌事。流通四墓陰主人。

孤寡

龍虎壓。左右欺主無護胎。露風也地無餘氣孤寡來穴裏幽深如坐井。四圍高壓玄武吐舌不可裁。翹飛射屋孤且寡。獨樹孤屋一同災。內樞池塘為淺氣。財離孤寡苦哀哉。巍然墈。在右邊。木星乾兌孤寡纏。白虎孤曜體在右。墳宅無左亦同然。

孝順

玉帶水。出順兒。山山拱顧主山奇。龍降虎伏無相競。兩岸開睜不攏飛。左右比和鬼回挽。白虎如綿戲綵衣。

不和

兄弟不和平。廉破兩相爭。廉破相射龍虎鬥頭家不睦。白虎拖鎗事可驚。青龍首投河。弟持刀殺哥。鬥路白虎進。屋宅亂難和。橫樓欺堂屋。屋柱灣若何。

不孝

背水城（水路反弓）不可求。左右齊直性不柔。無情破軍山背去。（金星帶石反去）龍虎交牙父子讐。正屋小聳高堂底。夾樓饒餘柱勝棟柱。門前獨樹格園塹口。向門中。媳婦原來罵阿公。獨山墳宅俱為惡。腳下墳堆忤逆凶。山頭却似牛頭樣。右為欺母左父翁。龍虎闊口如何斷。代代兒孫打祖宗。

誣賴

虎啣屍。（白虎開口）打殺人。申上風路及深坑。後面破軍如石山。對面倒屍誣賴真。

奴欺主

左右砂。壓與逼。龍虎欺主奴惡極。椽頭若架小梁頭。大屋高堂強婢出。穴前砂傴起。奴婢常欺主。穴處孤單案砂多。摸背推肩奴無理。高墈巍然左右邊。堂聳廳低奴無禮。

女專權

巽高女有權。坤高不可言。兌離一方或高山或高屋。皆高聳。通庫奪夫權。白虎山頭圓峯起。老公常受老婆拳。堂廳湨大門樓小。陰人權大亦如前。

反目

乾峯高。巽方低。艮震山雄離兌微。又見門枋若斜倚。定主夫婦不相宜。

女花

怪樹文曲方。腫頭腫尾亦不祥。明堂祿存樣。門前水反亦淫娼。兩路直去女淫奔。面前古井及韋裾。陰陽二宅斜返勢。枪頭山現亂紛紛。脇下水多花。龍兎池水有山如覆杓亂君家。獻花露體斜飛地。鴨頭鵝頭總不佳。金星破碎多情欲。桃花水見女貪花。梁棟雕花門外井。四敗傷生（桃花水為四敗流破長生）子不明。水星當面見。招郎母莫禁。龍虎二山隨。養女被人述。明堂大嘴葫蘆象。又懼坑井樹相堆。白虎若有交加路。女子貪花去不回。祿存貪。女淫慾。入見水中木。明堂窕似裙。頭馬腿牛肫揺酷。便門連大門。要與別人。

男花

內井水。放桃花。金星水見子貪花。面前簾捲棠山側。舞袖斜身水又斜。

寡婦淫慾

白虎路多返形文曲墻高逼近身前漲後幽夫夭折婦人無恥亂人倫

淫亂爭風

兩岸山隔風征兩邊或山或屋或樹相對高起中間空處有風進來是也常見歪斜搖擺形縱是良家賢女子牀中常伴兩男人

醜婦

大陰金石嵯峨到頭鼈石石如鼈形醜婦多金居坤地如斜側十個妻兒九似魔

愚頑

山粗厲。出愚頑。龍無起伏勢巉巖。左右若還都斜逼。主山兇烈讀書難放去水。怕長生。四山高大小水城。一重案外如深井。水星坤艮欠聰明。

懶惰

面前砂。如蜒蝤。左右兩邊不起頭。土星腳下如水浪生。下兒孫懶似牛。

出貧

順水砂。決出貧。山走砂飛水反身。明堂歎箕窮到底。前

逼後逼米無盈廳堂廓屋不相接金居離地主孤貧

欠債

龍虎身多破缺山似南箕屋斜側前山破碎更返飛兜孫結債何時歇

乞食

菉豆形出乞人辰戌山高塚宅深負袋提包墻外客東方常見產齊人提籮山出乞食又見龍虎不灣直山不抱而乾亥山陰極之地風路吽沿街砂水反鬪墻閭客八門山缺八風吹雖在朱門無衣食朱雀山似芭蕉提籮執碗沿

街討。更兼兩山若鼓槌。求衣乞食高聲叫。朱雀山。似虎存。青龍山首數月形。死屍若在前山出。墳邊伸手弄猴猻。

出賊

細刀砂。返砂順水尖利是也前後夾。背後小山頭探出。一山伸脚在墳前。旗在魁罡能挖壁。午申辛水向辰來。做賊劫人焉肯歇。面上砂。如牛軛。辰戌山高壓墳宅。案山微微少露頭。行龍死賊梁上客。青龍白虎頭帶刀。後為強盜先為賊。火星斜走飛。世出盜劫賊。更看兩水夾案峯。前有鈎鈎賊夥結。

賭

十字路。賭博家。面前更看打掌砂。寅午風路靴鞋脫。印居寅甲印砂寅甲居樗蒲雙陸誇。

戀酒

莫揷栁出顛。酒貪。酒卯水流過酉。水星水脚俱水形。終日貪盃没分曉。卧房内。養犧牲。兒孫好酒不安寧。更有猪欄向門外。門前斜堋醉昏昏。

出惡

主勢強。凶砂見。粗頑凶湧生強漢。左右又有鴨嘴砂。孳
拳拱勢凶徒見。

屠劊 附廚子

四金刀。屠劊手。桌上拋刀殺豬狗。桌下拋刀兼辦廚。刀
居曜地梟人首。火星拋火如何言。屠牛宰馬人兼有。

雜居

青龍有。白虎空。二姓同居一屋中。龍虎直長多香火。孤
房雜姓同。門前有井亦異姓。入舍填房事事逢。龍虎邊。
二山隨。二姓同居事可推。正屋面前有水閣。門前雜木

自同。

博姓

鬪氣脈。傷龍脈也終賣宅。太離氣。脫脈也住不得。脈大屋小也難當。不受氣也返弓散氣主為客。門樓高大過于堂。廳高堂小別姓人。墳屋窄。墓址寬。換姓何須說。逢脈陰。頑梗不化過姓真。當頭虛急。脈頑雄頓脫直卸而空虛急換他人。高露。無護砂平陰木氣多并斜側。客來為主主為賓。

離鄉

水路俱返牽。離壬來去是天邊。龍虎尾長遷別處。樹頭向外永無旋。

瘟疫

四煞衝（子午卯酉四方衝也）。瘟疫多廟宇門前祭若何。小屋若在大樹下。木杓形遭瘟疫磨。天井水。黑沉沉寒林照宅疫病侵。土曜巽宮倉口對。（倉門相對）艮水（艮為鬼戶）衝門瘟病生。

痘麻

門前山多。嵯峨。大石層層在門窩。四畔赤紅兼破碎。天井亂石受痘麻。

瘋病

寅甲風出痲瘋乾上安坑禍必凶。廁安巽上來龍處。巽屬木。木能生風。來龍處絕其生氣。屋後若有井缸同。左右畔有糞缸穢水忌東方。風隔兩邊高起相對中間空處有風煞臨惡瘋死。土八水二患風瘡。

鼓脹

羅計圓墩或窑亦是壓胸膛。腫毒鼓脹亡。朱雀昂頭欺。主穴明堂迫狹亦相妨。

癩頭

披連煞一方平地屬水難當。甲上埋坑癩首瘡。唯有丁方原不好。若有坑厠癩頭郎。

癆

穴無氣。似茶槽。赤紅砂見出人癆。大樹露根虵蚓路。廩裝牀後瘵多梠。空心樹。在面前。廉貞星見主癆煎。明堂有蕩蕪破腦。怪樹惡石並癆纏。二水一火君須忌。癆瘵懨懨不可言。

心痛

羅計星。面前塞。大石當門心痛極。天井欄杆艮風吹。空心大樹亦此疾。

哮病

獨木樹。哮病有。前逼後窄氣疾吼。明堂有蕩不須言。屋
如一字出哮吼。廉貞星。見明堂。天井長狹氣疾當。小屋
在前樓在後。明堂三角主哮亡。

吐血

面前砂。似蒙槌。吐血傷人事可悲。前山黃赤并破碎。一
見崩紅咯血危。

黃腫

蜒蝤山。黃腫疾。砂如腫腳墳前立。草屋獸頭堆垜來。平

地一片醫不得。

痔漏

玄武山不藏。痔漏有損傷。龍虎胎不抱。後山硬亦亡。更有子癸水破局。痔漏之病極難當。

顛狂

子上井。顛狂出。前山却似人舞異。左右水溝閘水井。二樓並列顛狂的。兩金星。來一火。此地出顛人受苦。水星湧動腳兒斜。小屋大樹多狂舞。十字路。交加水。出人顛舞何曾止。喧天大石在門前。狂舞之人不知恥。

惡瘡

羅計星。壓胸堂。梁上燕窠左惡瘡。糞窟當門癰癧痔。來龍坑窟毒狼猫。若將亂石安井口。門柱破爛總多瘡。

多憂

正穴前。多逼窄。烟熄對面歎氣殺。更兼朝案近高。壓縱使富貴多憂厄。

產難

臥房天井內。堆石極有妨。房中漲塞俱難產。槎皮（門上槎皮）太長亦有殃。

產死

白中赤。西方紅色產難逢。披連屬水又兼離氣凶。不接脈也四生水朝真不吉。寅申巳亥水朝是也前池墩石產中亡。

死宅長

鬪氣脈。急脈急葬宅長亡。青龍走壓乾峯傷。訣脇也有西無東真不吉。左側凹風主不祥。棟柱若還不着地。那見宅長治家邦。

卒死

震方動。主卒亡。前面深坑不可當。兩邊涯岸俱深窄。穴無餘氣忽死傷。

寄生寄死

白虎頭。口開叉。穴中又被龍尅他。子年卯酉門路衝。寄生寄死在他鄉。

外死

砂返韋。死他方。墩似人形順水鄉。橋為杠尸并外死明堂傾瀉外州亡。龍虎砂。兩腳飛烟包灰袋各東西。離上風吹并水去。山腳入堂主分離。

居官外死

季水來。六秀水也破旺鄉。真山真穴灰袋山。貪狼入首水路返。多主居官不還家。

惡死

辰戌水。入塚宅。粉骨碎身死慘極。癸水去來毒藥亡。乙辰之水木壓的。甲水入塚自縊傷。申水陣亡免不得。丑水刀下決可言。乾水石壓誰能識。曜水刑戮少人明。午水火燒身殞滅。

毒水

葫蘆樣。毒藥星。倒地葫蘆端向明當傾藥形。黃石若然向塚宅。癸水破局藥傷生。

投河 本身兩水夾木星如扛尸樣直流入水也

黃泉處。怕有塘。木寡水多玄冥亡。辰戌二水交流去。掃蕩星見水中傷。坎上煞。出投河。辰戌丑未路城過。乙辰水路交加返。朱雀奔江怎奈何。青龍路。水反塘。子癸水流下水亡。虎邊水路及池窟。玄武扛屍水入江。

自縊死 附絞死

砂斷頭。龍虎有路橫過截斷相象繩。井邊路牽自縊身。龍虎路交子癸壓。午上風路直來征。貴人頭上路雙繞。犯罪絞死極分明。乙辰交。水路交也唉作繩。辰巽惡煞自縊真。門前若見籐纏樹。出勝如井縊傷身。龍虎頭上交加路。土堆人癲類欄路形。白虎若然開兩指。出人自縊少分明。

虎傷

寅甲嵯峩凶。右邊有石虎形客。破軍高石人被虎。祿存開口土星帶水窩必有大禍虎傷人。

蛇傷

人家屋。有蛇妨。只因巳丙路衝長。落穴斜擺水無制。水即蛇形無土制出人定是有蛇傷。

雷傷并雷打屋傷

雷傷人。出在何。震土廉貞石嵯峩。乾上更有崢岩拱。只怕震乾風路過。脚如雲走形如狗。雷打傷人没奈何。

牛觸傷

牛觸人丑未。嵯峩起廉貞。丑上山高石拱露。廉貞粗惡照破軍。丑上尤應

犬馬傷

戌乾路。冲也犬傷人。戌上石頭似兇形。更兼戌方有大樹。惡犬損人事不甯。午方山下屍山現。不論田上土堆遠看如人形眠者是

廉貞巳午馬傷人

人命

打死人。怎得知。主星強急兇啣屍。龍逢兇鬬兼逢破。家有危樓後有池。

分屍

堆屍形。黃曜惡。（黃即黃泉 曜即八曜）頭與身體不聯絡。腦下橫浪手足分。梟首分屍填溝壑。白兇尖石槍明堂。人在法場遭刑酷。貴人山下見屍山。監斬奏召斷不錯。形如天馬火木身。死在木驢真慘惡。貴人頭上雙路纏。犯罪遭絞真荼毒。

充軍

廉貞射。斷充軍。尖斜火星射穴破軍拱照不堪論。破體金星對面子午卯酉風路動。平地高露事紛紛。再知人家軍職事。只因鎗劍面前存。五誥金木水火土若返如何斷。雖則為官後必軍斜薄上。巷街逢破軍卻在兌位逢。硬勢竹篙宜迴避。貪狼被尅木被金尅在軍營。火體頭斜軍職伍。尖砂黃曜黃泉曜氣衝中人

徒刑

對面煞。直射來。四面團團惹官災。或墻或笆圍寔者是牛牢猪圈有圍在官方官事至。白虎開口不可裁。門前小屋多官事。屋脊相衝訟獄來。破軍面。金水星流破也犯官方。前後反側也難當。屋角尖利。射穴也因官敗。露形脹氣。無護太僅亦須防。前面圓峯朱雀抱。有路十字獄中亡。更防砂似鈎鐮樣。路如川字犯徒傷。水衝玄武君難曉。家格徒配苦傍徨。

官符即朱雀

白虎昂。看明堂。白虎口開官事殃。朱雀口開官事至。龍虎交牙父子傷。乾方動。大官妨。牛牢猪圈也難當。後面破軍如石壁。金星強急也須防。破漏之屋皆如此。門樓平濶亦官傷。辰上牛欄為木吸。干連人命幾多場。

赦文

丙丁水。名赦文。龍虎抱衛無風生。龍乘六秀丙丁起。家宅永無刑罰侵。

被火

午丙水。要火燒。屋頭前後兩行朝。屋脊尖射作火星在午方凶午方獨有高峯照。門外三樹盡皆焦。火旺木糜如何斷。家招回祿不相饒。如船形。滿載多地小而屋造滿者主大殃四畔石壁亂嵯峨。寅龍午戌水會局。廉貞高照火來磨。更兼四畔芭蕉樣。常常被火斷不差。

被賊

廉貞照。被賊凶。更看探頭側面逢。脇腋開門盜賊至。子午卯酉廉貞峯。門前路有如川字。年年常有賊人逢。

損畜

砂紅赤。損牸牲。四墓風生畜不盈。穴逢氣散無收拾。兩邊高壓總無成。

損貓

還魂泥。毋泥壁。厠步脚下無用石。樓梯單步始為良。不然猫與鼠共食。

損蠶

臥蠶山。頭反側。宅中聚水蠶不實。龍虎身上破缺逢養蠶十櫃終無得。

鬼怪

東北門艮為鬼戶。鬼怪入。三陽不照名陰極。陰盛出怪破屋停喪亦此災穴有嚮竅鬼祟集。臥房幽暗脇腋開。樹腫頭腰鬼怪泣。芭蕉年久多成精。戰場作穴藏妖孽。

怪夢

床被壓。（梁壓尤甚）怪夢多。燕頭不塞夢魔多。脇腋開門夢寤惡

惡。衝床射背夢中磨。

生怪異

朱雀山。似蝦蟇。生出鬼子沒奈何。或然怪石生在內。看

看生下一堆蛇。虎存之山多破碎。三年有孕是血瘕。青

龍頭上鉄三鉄。懷胎肚內吽哇哇。

駝腰

路反背。出駝腰。白中見赤（西方見紅）屈身摇。曲水駝腰并曲

背。穴情斜返亦同格。前平屋。後高樓。離鄉枯樹向外頭。
明堂却是祿存樣。家中常見出駝腰。

鬍子

亥交巽。出鬍鬚。子交寅水亦稀奇。餘氣鋪張山不割。蝦鬚重疊定鬍兮。

跛

門房柱。下補接。路如角尺向外別。乾水來去跛足履砂脚斜足有疾。沙見冬瓜擣杵形。樹頭腫脚人足蹶。黃泉人路斜返來。人家脚疾無容說。

瞎

星印馬。砂如星如印。在南方是也瞽目殃。墩頭破碎眼兒傷。明堂若還三個角。尖砂背後眼須防。辰上路。患眼災。明堂堆凸眼不開。水流火口亦如此。龍虎不護瞽目來。火烟出壁俱目害。廉在明堂眼禍胎。糞窟缺。在明堂。面前佛塔眼無光。天井大石坐四角。開井子午卯酉方。惡破紅面對。屋脊坑鎗傷。

啞子

已上衝。啞口傷。天井大石對中央。墓宅灰袋香爐祟。明堂浮石亦不祥。戌乾水。瘖啞人。惡石定生啞子身。酉山懶緩辰水入有口無言憎殺人。

聾

明堂內，有祿存。土星惟見石稜層。惡石當門聾啞應。葫蘆砂見出聾人。棟柱出窟空。出人聽不聰。門前或有暗亭子。耳門塞了亦耳聾。

瘿瘤

水中石，似葫蘆，瘿瘤信不誣。戌水折丙誰能識，當門撞柱有瘿瘤。

六指

生六指。有何因。子山高聳六指人。子方水聚亦如此。出水顯露手足生。

覆墳

貪巨武。三吉神。水若朝來是福臨。塚内祥烟皆紫氣。兒孫富貴更豪興。文曲來。濕土方。白蟻成群串做窠。棺木骨屍穿透了。年深月久水波波。祿存水。翻棺材。凡人不信請君開。穴内屍骸都顛倒。綠水黃泥做一堆。廉貞朝。出蟻多。老鼠頭邊自做窠。黃金損壞多黑爛。衆房子息

受奔波破軍臨不堪言竹木籐根繞板纏喫盡棺材爛枯骨螻蟻頭邊脚下穿

起例

大墓屬破軍絕胎號祿存養生貪狼位沐浴帶皆文武曲臨官旺逢衰是巨門廉貞兼病死七曜一齊分假如玄堂丙向屬火即以辛戌上起破軍乾亥壬子是祿存癸丑艮寅是貪狼甲卯乙辰是文曲巽巳丙午是武曲丁未是巨門坤申庚酉是廉貞餘皆倣此

停喪 屋后小屋止一小間

破屋主停喪。廊屋不接亦須防。明堂有地棺材樣。屋後小屋總相妨。

發棺制棺

左右石。似棺材。石上破裂剖棺灾止。露棺面如開墓。之是伐塚無疑猜。

翻棺覆槨

四墓有風吹。翻覆實哀哉。堂水側左龍山短。棺必翻。左定有灾。堂水倒右凭山小。棺必翻右真可悲。更有水衝東西鉄。水流直去亦翻材。

樹根穿槨

龍無氣。穴受風。乙辰寅甲水來衝。更兼乾戌山低陷。穿眼繞骸禍不空。

槨中生水

龍無氣穴受風。金水行龍制作同。如金體而忝臺四尺亦屬金矣。前後是金則生水。謂之制作相同。申子辰位有風入。脈真如六秀等脈。氣假火刼風吹。槨生泓。文曲濕潤多。祿存。文曲祿存俱三合向上論水射水波波。坤山若還安艮向。黃金水漲沒奈何。朱雀山。夾流去。滿槨皆水意。水泛之井跳與斜飛。左右風吹棺滿注。穴孤寒水分八字排坎山懶與緩。播地俱水災。

槨中生蟻

鬬殺葬蟻多。直山直向蟻難禁。淺深失宜皆如此。寅午戌風滿槨生。

墳中惡事

來龍無氣。骨頭欲飛。空缺風吹顛倒骨。廉貞水射咬棺兇。山高深蟻入。山低淺生蟻。氣深葬淺骨化白。氣淺葬深骨黑泥。脈急葬急亦白爛。脈緩葬緩亦黑隨。水分八字風因入。穴高生水低骨灰泥。水滿棺因何事。文曲迫迨水射之。

二十四向破軍訣 三匝貪狼

貪狼向。有土堆。乃為庫印主家肥。巨門武曲祿存向。此方切忌有塘堆。不惟墳內蝦蟇出生瘡氣疾墮胎隨。田塿若在此方上。黃鱔居墳主禍胎。廉貞向辛癸甲艮上塿堆列。塿主泥蛇堆亂來破軍之向巽庚丁壬坤如何斷禍福同前一例推。

地風

四風人人曉。地風不可考。水去風來那個知。水來風去

無人道。堂水倒左龍短分。堂田右高左低了。名曰捲簾
棺必翻。退小次中俱不好。水若倒右亦如前。先退長房
次及小。當面傾播返漸低。亦名捲簾倒屍首先敗中房
的無疑。須得重案禍方少。水若倒左雖得龍山收又忌
長房走。水若倒右亦如前。小房之敗的可曉。龍虎兩宮
不可長。長則中房凶禍有。水去分夾朱雀行。骨有蟻水
家潦倒。兩脇水流一短長。紡車風入覆宗考。交山交互
水曲行。向外逃亡死絕有。龍虎俱短八字分。名為八風
把穴掃。穴高生水低穴灰。貧賤生亡決不好。作穴若占

去水方。穴寒水濕蛇蟻有。來水處做穴。燥淨蟻水少。脈真氣假鬼不安。壙中無水棺中有脈。假氣真鬼初安。一坑真水無人曉。噓吸雨般風。地中生小竅。點燭請試之。免使骨顛倒。穴呼有應聲。定主鬼作鬧。蛇蟻總不佳。冷退生意少。此等少人知。覆絕實難保。

斷墳

墳肚上。有小窟。出人氣絕人罕識。磚石紅白又光輝。其家正在方興列。若有枯毛蛇蟻生。若有青苔有水入。有水淀主黃腫吠。都天一到饒不得。

修造有用四吉者一名極富星其法一求行年將星所在甲丙戊庚壬陽年命一歲起寅乙丁己辛癸陰年命一歲起申各順輪至修造之歲止視在何辰即為行年將星二取行年將星加歲支順輪至修造山方以求四吉謂子午寅申也三取用事月將加歲支順輪至修造山方以求四吉月將謂太陽所躔之次也四取山方將星加歲支順輪至修造山方以求四吉山方將星謂動作方之六合也如子癸山方以丑為山方將星丑艮方以子為山方將星是也餘倣此五查命前五辰如子命人巳為五辰丑命人午為五辰是也餘倣此六取五辰將星加歲支順輪至修造山方以求四吉五辰將星謂五辰之六合也七取用事太歲遁見五辰干支以得其納音

所屬如子命人甲己年用事遁得己巳木音是也餘倣此八取五辰納音所屬以求宅命宅神就納音所屬之五行起長生尋見冠帶位為宅命墓庫位為宅神惟土分三等庚午辛未庚子辛丑之土與水音同論從申起長生戊寅己卯戊申己酉之土與火音同論從寅起長生丙戌丁亥丙辰丁巳之土與金音同論從巳起長生九取宅命宅神各加歲支順輪至修造山方以求四吉推子午寅申之所以為吉者以後天卦位其相對之卦惟離與坎午即離子即坎艮與坤寅隸艮申隸坤各能配合河圖中宮五數謂離納壬其數一坎納癸其數六艮納丙其數七坤納乙其數八以一加五即六乃盡涵一五也以七加八為十五乃三倍其五也餘如乾與巽對震與兌對皆不能配合河圖中宮五數乾納甲其數三巽納辛其數四震納

庚其數九兌納丁其數二以三四相乘除丑二九相乘除皆不能配合五數此所以專取子午寅申也佐元曰功曹傳送敵國富勝光神后粟陳陳功曹謂寅傳送謂申勝光謂午神后謂子功曹傳送家千口勝光神后百餘丁其吉可知第既求方位之利而又反覆相加以求四吉勢必不能存而不論可也

修造有用八宮翻卦者一名青囊卦其法一求福元宮所在男命上元甲子起坎中元甲子起巽下元甲子起兌每年俱逆飛一宮女命上元甲子起中中元甲子起坤下元甲子起艮每年俱順飛一宮是為福元宮二就福元宮逆飛五宮以求定生宮所在如上元戊戌男命福元宮在震逆飛五宮兌為定生宮上元丙午女命福元宮在坤逆飛

五宮乾為定生宮是也餘倣此凡遇中宮男寄艮女寄坤三從定生宮起十歲男順輪女逆輪依後天卦位每歲一宮以求行年所在如上元戊戌男命五十一歲修造即從定生宮兌宮起十歲順輪至五十一歲行年在乾是也餘倣此四就定生宮順排遊年卦變以定行年吉凶如上元戊戌男命兌為定生宮即從兌宮順排兌生禍延絕六五天於八宮至五十一歲修造行年在乾是為生氣值年吉餘倣此書曰生氣延年兼伏位天乙四位好興工按此以乾艮坤兌為定生宮者其行年亦取乾艮坤兌以震巽坎離為定生宮者其行年亦取震巽坎離益就八卦納甲生成數而以一六四九為一家二七三八為一家亦從河圖配合

中宮五數也

凡大門方位。以八卦納甲生成數為正神裝在山。以二十四位納甲生成數為零神裝在門。必山與門配合河圖中宮五數為吉。今堪輿書遊年翻卦。只就正神裝成圖局。其於正神上山。零神下水之法疎矣。至於房門宜就福元宮所屬之卦為正神裝在命二十四位為零神裝在門必命與門配合河圖中宮五數為吉蓋大門係一家之出入故以坐山之卦尋其配合房門係一夫一妻之出入故以主命福元宮之卦尋其配合也

凡竈座宜壓在主命福元宮之四凶方其火門宜向主

命福元宮之四吉方選擇之法用月家日家九星飛尋其生氣延年。天乙。伏位。四吉星到火門作之吉。如震巽坎離四宮生命。其竈座。宜壓在乾坤艮兌四凶方。其火門。宜向震巽坎離四吉方。其選擇宜取震之三碧巽之四綠坎之一白離之九紫到火門所向之方。如乾坤艮兌四宮生命。其竈座宜壓在震巽坎離四凶方。其火門宜向乾坤艮兌四吉方。其選擇宜取乾之六白坤之二黑艮之八白兌之七赤到火門所向之方。惟竈座不可壓其宅其命其年月日之五黃方。火門亦不可向其宅其命其年月日之五黃加。催財宜向生氣。而坤艮二命生氣在坤艮五黃亦在坤艮。求婚宜向延年。而坎離二命延年在坎離五黃亦在坎離。皆不宜向向則有災。催丁宜向伏位。候其年之天乙貴人到位主得子。天乙貴人主二黑也陽貴起於先天坤位陰貴起於後天坤位洛書圖二數居坤故天乙貴人以二黑當之

又通書載移竈歌云元空裝卦訣帶去二文呼住宅惟三象氣口反為初按帶去者舊竈之方也住宅者新遷之所也言以乾坎艮震為陽方巽離坤兌為陰方如自

陽方移至陰方則先畫一陽爻。後畫一陰爻於上。或自陰方移至陽方則先畫一陰爻。後畫一陽爻於上。所謂二爻三象也。氣口指火門而言如向陽者畫一陽爻向陰者畫一陰爻。三爻畫而卦成矣。相宅者以主命之福元宮爲主。如在乾坤艮兌四宮者。其所裝之卦以乾坤艮兌爲吉。或在震巽坎離四宮者。其所裝之卦以震巽坎離爲吉。否則東卦裝西多不吉西卦裝東亦不祥矣。今通書既名竈卦而註解又指爲遷居所用抑何矛盾耶且人之遷居其東西南北本不可拘若執定遷某方

開其門為吉倘終身不得奈何或曰此言移牀非言遷
居因人口未安或中年無子則將卧牀另移一方也氣
口植房門言之○亦以主命之福元宮為主東卦命仍宜
裝東卦西卦命仍宜裝西卦為吉也
又通書載作竈之法就中饋婦命之食神而擇其生旺
有氣月日如壬癸命以甲乙為食神取春令之寅卯亥
日作之吉此論頗為近理
凡安碓磨宜主命十干祿加如寅命甲方之類穿井導
泉宜坐山十干祿加如甲山寅方寅山甲方之類碓磨

專取命祿者以其有可移動故就一人取吉井則與房屋相終始不僅一人一世之所汲取故用坐山取吉也碓磨專取干方者以命必有支故就支以取干方若井則惟屋是視屋之坐山干支不一故必兼用支方也又一說設欄穿井宜主命福元宮之生氣加。安碓磨宜主命福元宮之五鬼禍害加。其說亦可參看三元氣運圖以主運為主生主運者曰退氣尅主運者曰死氣主運所生者曰生氣主運所尅者曰殺氣與主運相比和者曰旺氣如七赤主運坎局得生氣乾兑局得旺氣艮坤局為退氣離局為死氣震巽局為殺氣是也餘倣此取局維何只以一水相近者為氣到即成某局假如方圓一坪四圍皆水全無来龍亦可分為九氣近南者為坎局近北者為離局近坤者為艮局近巽者為乾局居中立穴者為中宮局三方有水而遠近適均

者亦作中宮論今之輿堪家亦有能言局者往往病在認局不真如水從寅方流過本是坤局錯認爲兌若在上元棄盛就衰已不發福更兼誤收兌宮之向水不幾求福而得禍乎八宮皆如此論亦有兩宮氣到雜而不清猶然獲吉者以此運方衰彼運又盛如艮震雜局下元艮旺及交上元震氣又旺反得長久更有一種三四宮氣到者此爲群精媾會胎息交通最爲和美三元不敗但須體格端麗純全不可有一毫傾側攲斜斯爲真地如其界氣之水參差零雜反不若單局之力專矣

按上元一白中元四綠下元七赤乃三元甲子年入中宮之一星也以一年所值之中星而欲定六十年之休咎猶以元旦一日之神殺而欲決三百六十日之吉凶理所必無不待言之矣靈誠精義云地運有推移而天氣從之天運有轉徙而地氣應之蓋言河嶽效靈在天必有禎祥之疊見日星失次在地必有陵谷之變遷天運與地運相為倚伏初未有若元運之說興衰一視乎天而不必察諸地也予視紫白原本似取九星相宅然闕至殺旺當求印旺九星生處宜尋四語則亦為修方

而設非為相宅而設也其言頗為近理因撮其要曰四一同宮○準發科名之顯○一白是官星四綠是文昌如坎宅一白入中宮流年遇四綠到中宮或坎宅艮方是四綠流年遇一白到艮又如巽宅四綠入中宮流年遇一白到中宮或巽宅坤方是一白流年遇四綠到坤之類是也九七共遇○常逢田祿之殃○九紫是後天火星七赤是先天火數故主火災二五交加而損主○亦宜重病○二黑是病符五黃是廉貞故主死病經曰五主孕婦受灾黃過黑時出寡婦二主宅母多痗黑逢黃出鰥夫三七疊臨而劫盜○更見官災○三碧是蚩尤星七赤是破軍星故主盜訟九紫雖司喜氣然六會九而長房血症○七九之會尤凶○火尅金也四綠固號文昌○然八會四而小口殞生○二四之逢更惡○木尅土也八逢紫曜

須知婚喜重來，六遇輔星，可以尊榮不次；欲求嗣續，惟取正神加紫白。至論帑藏，尤宜旺氣在飛星。是故二黑入乾，逢八白而財源大進；遇九紫而螽斯蟄蟄（此指坎宅乾方，或乾宅中宮言之）。三碧臨庚（庚謂兌也），會一白則丁口頻添；交二黑則青蚨闐闐（此指坎宅兌方，或兌宅中宮言之）。或卦于乾位屬金，九星則二黑為土，此號星宮之吉。入三層則木來尅土而財少；入兌局則星列生宮而人興。再逢九紫臨火土之年，斯為得運，而財丁並茂，兼主科名（此指坎宅言之，餘倣此）。圖于四間屬金，洛書則四綠為木，此乃圖尅書之象。入兌方則文昌破體而出孤入坤局則土重埋金而出寡若以一層居坎震之鄉始為得氣而科甲傳名亦增丁口此指間數言之層數亦倣此若夫殺旺當求印旺九星生處宜尋制殺不如化殺局山旺地施工如兑宅七赤入中宮遇其年九紫飛到中宮為殺則修動八白所到之方是為渡火以生金或或修動六白所到之方以助七赤之旺是為旺地施工餘倣此推而行之一宅可通八宅神而明之九星專用一星按觀此篇所論則所云紫白九星乃取輪年飛到者以與坐家九星較生尅初非六十年始換一運之死法也況陽宅係生者所居得天最速斧斤一動吉凶隨之若以之論陰基

而取一百八十年分為三運倘葬後未幾有易一元將改葬乎抑聽其自然乎術家全無學問必妄橙一端以聳動世人此類是也

二十四山掌訣

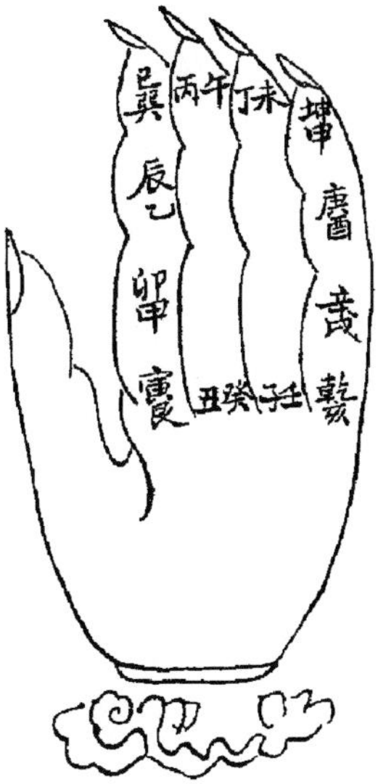

飛宮掌訣

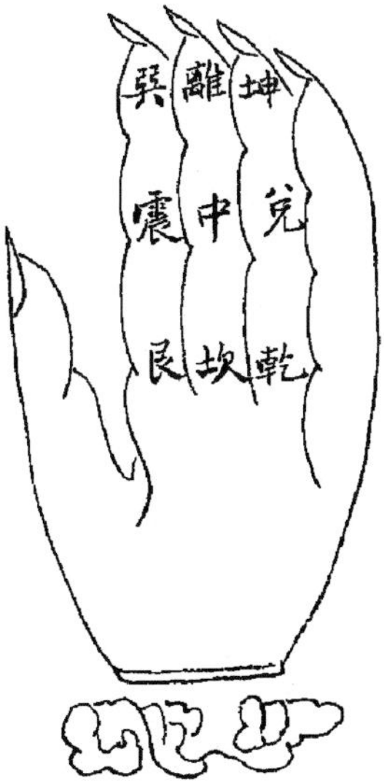

歌曰中宮飛出乾却與兑相連艮離尋坎位坤震巽同安

排山掌訣

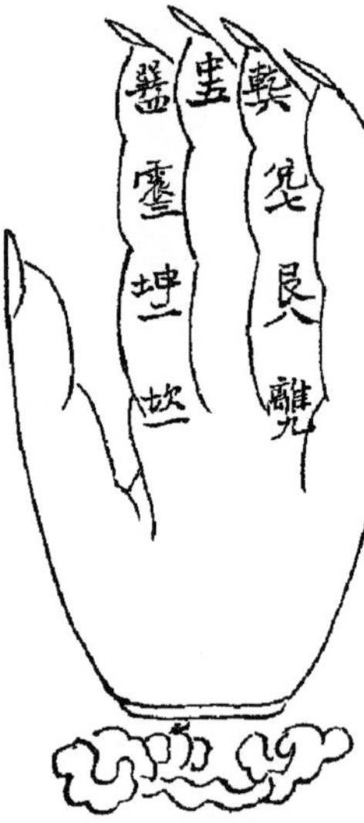

翻卦掌訣

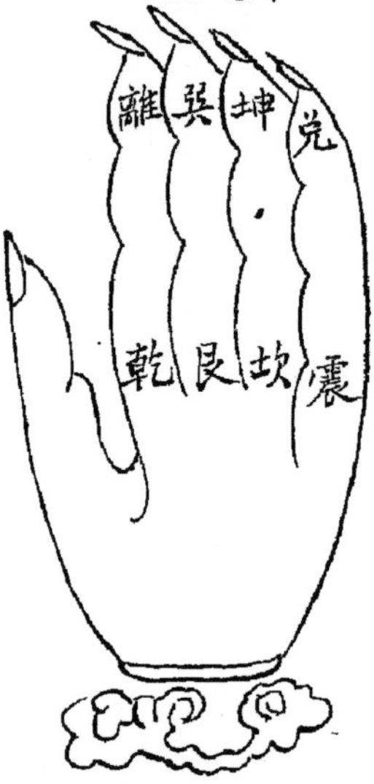

飛宮法從中宮起錯綜飛布排山法從中五起向乾順排其法不同其寔則一也

乾兑互起　震離互起
坤艮互起　坎巽互起
邊起邊止　中起中止
上起下落　下起上落

心一堂術數古籍珍本叢刊　第一輯書目

堪輿類

章仲山挨星秘訣（全彩色）
臨穴指南
靈城精義箋（全彩色）
堪輿一覽
三元地理真傳（線裝）
姚氏地理辨正圖說
地理辨正補
欽天監風水正論（線裝）
蔣徒傳天玉經補註
三元天心正運（全彩色）
元空紫白陽宅秘旨（全彩色）
羅經舉要（全彩色）
漢鏡齋堪輿小識
陽宅覺元氏新書

地理辨正補註
許氏地理辨正釋義
三元地理正傳（全彩色）
地理辨正天玉經內傳要訣圖解（全彩色）
地理方外別傳
星卦奧義圖訣（全彩色）
地理秘珍
三元挨星秘訣仙傳（全彩色）
欽天監地理醒世切要辨論（全彩色）
地理辨正抉要
地理法門全書
地理辨正抉要
元空法鑑批點本，秘傳玄空三鑑奧義匯鈔合刊
元空法鑑心法
地經圖說
地理辨正自解

謝氏地理書
地理學新義
平洋地理入門、巒頭圖解合刊
平洋地理闡秘（全彩）
華氏天心正運
地學形勢摘要
司馬頭陀地鉗
鑒水極玄經　秘授水法　合刊
地理輯要
地理辨正揭隱　附連成派秘鈔訣要
地學鐵骨秘　附　吳師青藏命理大易數
趙連城秘傳楊公地理真訣
趙連城傳地理秘訣附雪庵和尚字字金
山洋指迷
三元挨星四十八局圖說
張氏地理錦囊
青囊一粟
堪輿秘訣彙釋
風水正原
風水一書
金光斗臨經
論山水元運易理斷驗、三元氣運說附紫白訣等五種合刊
《沈氏玄空吹虀室雜存》《玄空捷訣》合刊
《玄空古義四種通釋》《地理疑義答問》合刊
王元極三元陽宅萃篇
王元極增批地理冰海附　地理冰海（原本）
地理辨正求真
地理小補（全彩色）
辨正發秘初稿（全彩色）
地理辨正翼
天機心竅等地理秘書四種合刊
李文田注撼龍經
家傳地理陰陽二宅秘斷
地理前五十段、後五十段合刊
挨星考注
地理三會集
三元山水秘密真訣（全彩色）
諸家風水選擇秘訣匯鈔

命理類

命理大四字金前定數（全彩色）
韋氏命學講義
命理斷語義理源深
千里命稿
文武星案上下卷
精選命理約言
斗數宣微
斗數觀測錄
地星會源斗數綱要合刊（全彩色）
皇極數（1－4）
星命風水秘傳百日通
鐵板神數（清刻足本）——附秘鈔密碼表
邵夫子先天神數（1－2）
斗數演例（全彩色）
滴天髓闡微——附李雨田命理初學捷徑
算命一讀通——鴻福齊天
命學探驪集
命理用神精華（原本）
澹園命談
命理尋源
新命理探原
滴天髓微義
蠢子數纏度
先天蠢子神數
《斗數秘鈔》《紫微斗數之捷徑》合刊
命譜
徐樂吾滴天髓微義
徐樂吾命理尋原

占筮類

擲地金聲搜精秘訣
卜易拆字秘傳百日通
易占陽宅六十四卦秘斷

相法類

相法易知
相法秘傳百日通
新相人學講義

手相學淺說
神相全編正義
相門精義
大清相法

三式類

壬課總訣（全彩色）
六壬教科六壬鑰
壬學述古
奇門揭要（全彩色）
奇門大宗直旨（全彩色）
奇門三奇干支神應（全彩色）
奇門廬中闡秘（全彩色）
六壬秘笈——韋千里占卜講義
奇門行軍要略
大六壬類闡（全彩色）
大六壬尋源二種
秘鈔大六壬神課金口訣
秘傳六壬課法附金口訣
大六壬指南
甲遁真授秘集
大六壬尋源二種（上）（下）
奇門心法秘纂（全彩色）
奇門仙機（全彩色）
大六壬探源
太乙鑰
太乙統宗捷要
太乙會要

其他類

述卜筮星相學
中國歷代卜人傳